I0386400

رحلة زيد الصغير لإقامة الصلاة

كتاب لتعريف الأطفال بالصلوات المفروضة

إعداد مجموعة The Sincere seeker للأطفال

السلام عليكم يا صديقي! اسمي زيد، أبلغ من العمر عشرة أعوام. الحمدلله، أفخر بأنني أقيم الصلوات الخمس يوميا، ولكنني سوف أطلعك على سر صغير. في البداية، لم أكن دائما أؤدي الصلوات الخمس، كان علي أن أشق طريقي لأصل لما أنا عليه الآن، وقد تعلمت الكثير خلال الطريق. علي أن أعترف بأنني قد عانيت بشكل ما أيضا، لم يكن الأمر بالسهولة التي ظننت، ولكن الأمر يستحق، إنني شخص أفضل الآن، وأشعر بالسعادة حقا!

لدي أخبار جيدة لك! أريد أخذك في جولة معي خلال ذلك الطريق لترى كيف وصلت إلى ما أنا عليه اليوم. أعدك بأنك ستحب هذه الجولة وستتعلم منها الكثير أيضا كما فعلت أنا. كما أنك ستصبح متحمسا جدا لأداء الصلوات المفروضة بشكل يومي! تعال معي وشاركني! أراك في الصفحة القادمة والتي ستأخذنا إلى حيث كنت في السابعة من عمري!

لا إله إلا الله محمد رسول الله

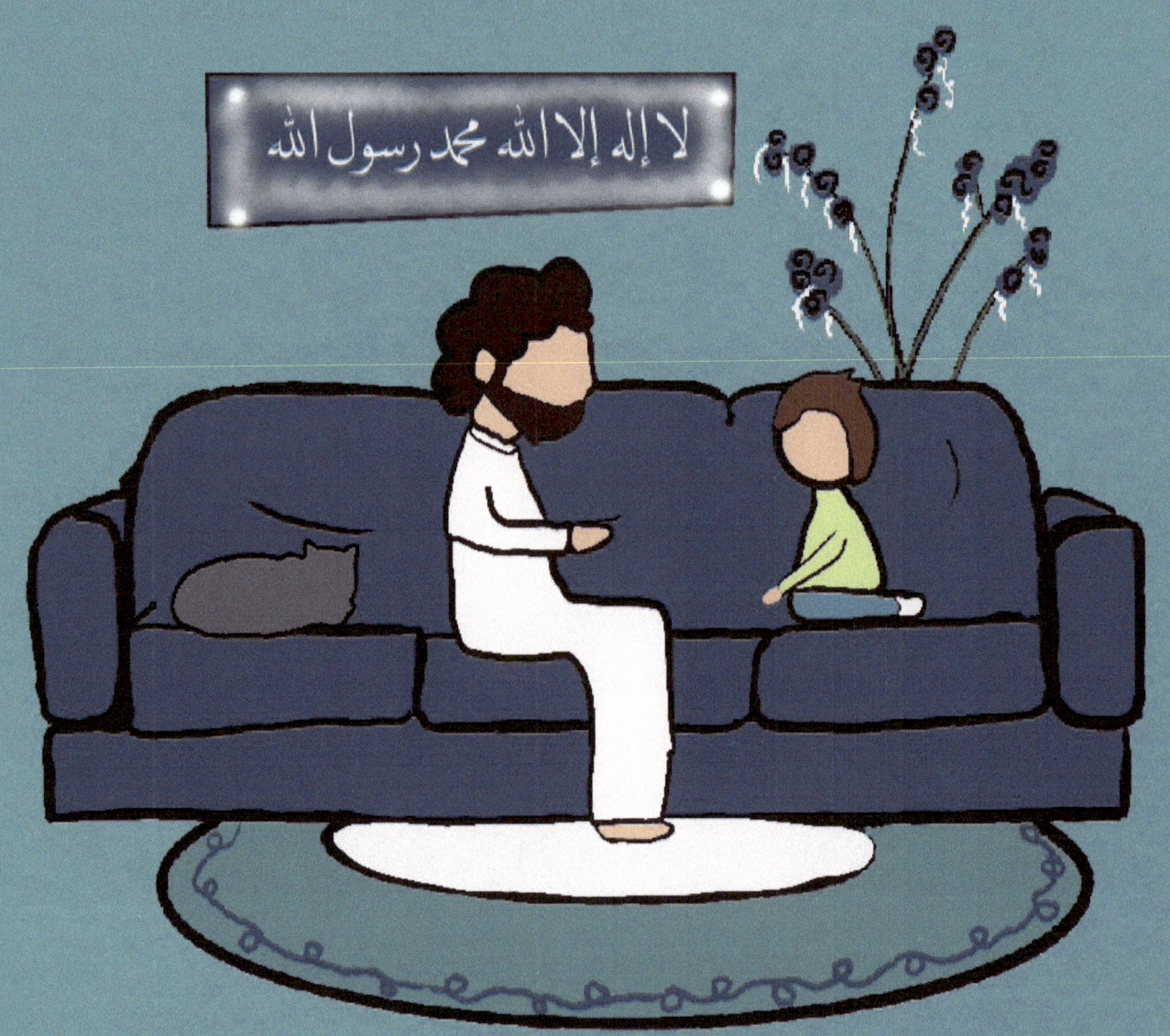

"بني، تعال واجلس إلى جانبي." قال والدي، "الآن وبعد أن أصبحت كبيرًا بما يكفي، حان الوقت للتعرف على أحد أهم الأشياء التي ستتعلمها وتفعلها على الإطلاق في حياتك."

"يبدو هذا أمرا جادا يا أبي، أنا مستعد لسماعه!" أجبت والدي.

"يا بني، نحن مسلمون، نؤمن بالله ونعبده فهو الذي خلقنا وخلق العالم أجمع، ومن أهم طرق عبادة الله عز وجل أن نؤدي الصلوات الخمس كل يوم. الصلاة هي الركن الثاني من أركان الإسلام. إن كلمة "الصلاة" تعني "الاتصال"، هل يمكنك أن تحزر لماذا يا زيد؟" سأل والدي.

"حسنا ... هل لأننا في الصلاة نتواصل مع الله ؟" قلت متسائلا.

"هذا صحيح يا بني!" أجاب والدي وهو يربت على رأسي.

"الصلاة هي الطريقة التي نتواصل بها مع الله على مدار اليوم، وذلك حتى نتمكن من بناء علاقة جيدة مع خالقنا الذي يحبنا كثيرا، فعندما نصلي، نسأل الله أن يهدينا ويرشدنا إلى الطريق المستقيم لنعيش حياة طيبة في هذه الدنيا، ونتقرب منه حتى نكون معه في الآخرة" قال والدي، ثم أضاف: "زيد، لدي مفاجأة لك غدًا، سنذهب إلى مكان مميز جدًا."

وقفت على الفور قائلا بحماس شديد "أين؟ إلى أين نحن ذاهبون يا أبي؟"

قال والدي: "ستكتشف غدًا يا زيد".

قال والدي: "زيد، تعال إلى هنا يا بني، اليوم هو الجمعة، وسنذهب إلى ذلك المكان الخاص الذي أخبرتك عنه بالأمس."

"أنا جاهز!" قلت بحماس بينما أركض على الدرج.

"قبل أن نذهب، لدي مفاجأة لك يا زيد." قال أبي.

سألت متعجبا "مفاجأتان في يوم واحد؟"

"نعم يا بني، لقد وعدتك بأن يكون يومًا مميزًا بالنسبة لك. هيا اذهب وافتح هديتك."

فتحت الهدية لأجد لباسا أبيضا جميلا يصل طوله إلى الكاحلين.

"يسمى هذا اللباس ثوبا" قال والدي.

ارتديت الثوب وركبت سيارة العائلة الزرقاء برفقة أبي وقمت بتثبيت حزام الأمان أثناء الرحلة التي استغرقت عشر دقائق تقريبا ثم قال والدي "لقد وصلنا!".

نظرت حولي ولاحظت أن الكثير من الناس يوقفون سياراتهم ويسيرون إلى داخل ذلك المبنى الأبيض الجميل الذي تعلوه قبة خضراء. كان الكثير منهم يرتدون أثوابا مثلي ومثل والدي أيضا. وبينما كنا نسير في هذا المبنى الأبيض الجميل، وصلنا إلى منطقة الصلاة، والتي كانت مفروشة بسجاد أحمر مذهل في كل مكان، والذي كان يشكل خطوطا واحدا تلو الآخر، كما كان هناك الكثير من الناس، بعضهم يصلّي والبعض الآخر يجلس.

قال والدي "يسمى هذا (مسجدا)"، واستكمل قائلا "إنه بيت من بيوت الله، يأتي المسلمون إلى هنا للصلاة كل يوم، وخاصة يوم الجمعة – اليوم المبارك في الأسبوع". وأضاف والدي: "الآن وقبل أن نصلي، يجب علينا أن نتوضأ"

"ما هو الوضوء؟" سألت والدي في حيرة. "الوضوء هو ما يؤديه المسلمون قبل الصلاة. على المسلم أن يكون نظيفا وطاهرا بأن يغسل يديه ووجهه وذراعيه ورأسه وقدميه. من المهم أن يطهر المسلم نفسه، وأن يرتدي ملابس نظيفة، وأن يصلي في مكان نظيف. والآن، دعنا ندخل إلى منطقة الغسل، يمكنك مشاهدتي وأنا أتوضأ ثم تكرر ما أفعله يا بني. "قال والدي.

لا إله إلا الله محمد رسول الله

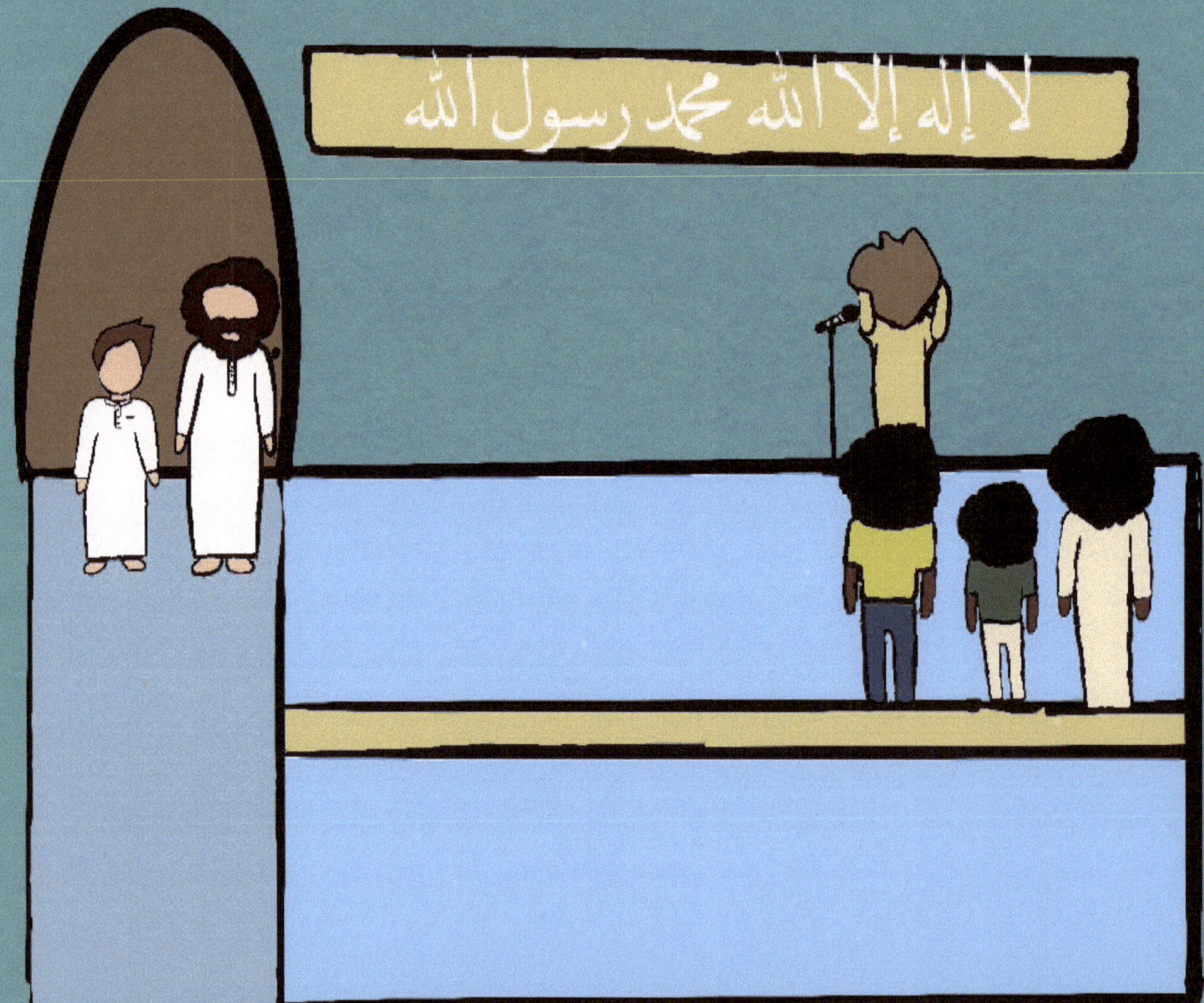

بعد الوضوء، دخلنا إلى المصلى. في أيام الجمعة، يلقي الإمام - الشخص الذي يصلي بنا - خطبة قبل أن نصلي.

قال والدي "ستبدأ الخطبة خلال دقيقتين، اجلس يا بني."

عندما جلست برفقة أبي، قام شخص ما وضبط مكبر الصوت وأذن للصلاة. الأذان هو الترنيمة الإسلامية أو دعوة الناس للصلاة. كانت خطبة الإمام حول أهمية الصلاة ولماذا نؤديها.

قال الإمام في خطبته "نعبد الله لأنه يستحق أن يعبد لذاته. إنه الوحيد الذي يتحكم ويصرف كل شيء في الكون بمشيئته، فهو الله القوي، العليم، السميع. كما نعبده لنشكره على خلقنا وعلى نعمه التي من بها علينا."

بعد انتهاء الخطبة، صلينا جميعًا معًا كمجموعة خلف الإمام. صلينا متوجهين نحو القبلة، وهي اتجاه مكة حيث توجد الكعبة.

يصلي المسلمون في جميع أنحاء العالم متجهين نحو القبلة، وهو أول بيت بني على الأرض لعبادة الله. نحن بالطبع لا نعبد الكعبة، ولكننا نتخذها قبلة للصلاة. أما الصلوات نفسها فهي لله وحده.

بعد أن انتهينا من الصلاة، توجهنا إلى المنزل.

"أبي، كان هذا جميلًا، لقد أحببته! إن بيوت الله تتميز حقا بالجمال والسكينة، أتشوق للذهاب مرة أخرى!" قلت لوالدي.

"سوف نذهب دائما إلى بيوت الله، إن شاء الله!" قال أبي بينما كنا عائدين إلى المنزل.

قران

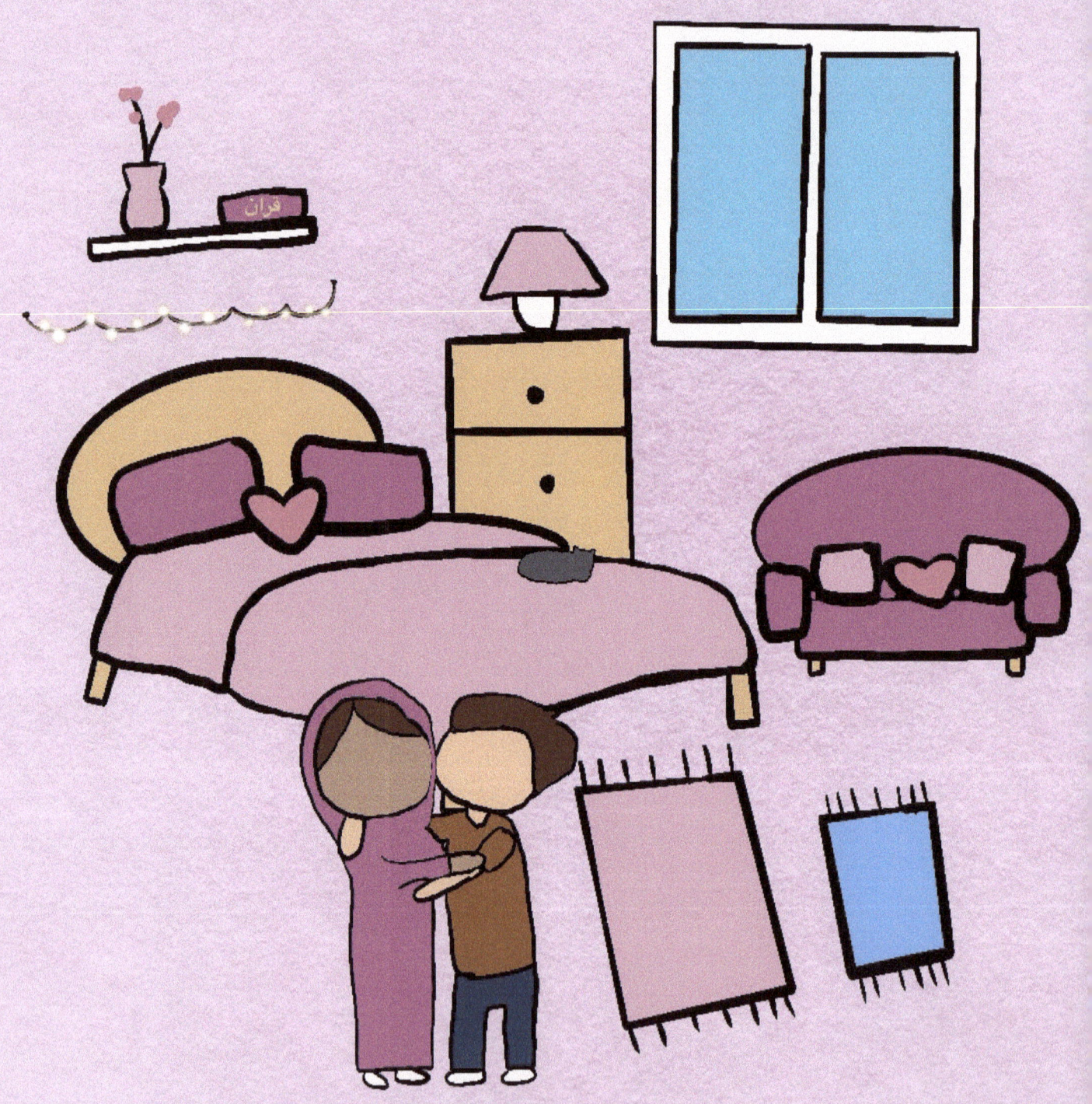

عندما وصلنا إلى المنزل، رأيت أختي الكبرى تصلي برفقة أمي في غرفة المعيشة. وعندما انتهيتا من الصلاة، أخبرتني أختي الكبرى زارا أنها تريد أن تعلمني كيفية أداء الصلاة وحركاتها بشكل صحيح.

"ليست الصلاة مجرد دعاء بما أنفسنا فقط، بل تتطلب أقوالاً وحركات معينة تعلمناها من خاتم الأنبياء محمد صلى الله عليه وسلم. لقد أُمرنا أن نصلي بالطريقة التي علمنا إياها نبينا محمد صلى الله عليه وسلم" قالت زارا.

ثم أوضحت لي كيف تبدأ الصلاة بقول "الله أكبر" والتي تعني "الله أكبر (من كل شيء)"، وأوضحت كيف تنطوي الصلاة على تلاوة آيات من القرآن الكريم، فضلاً عن التسبيح والدعاء. كل ذلك أثناء الوقوف والركوع والسجود.

قال زارا: "احرص على الإكثار من الدعاء عند السجود لأننا أقرب ما نكون إلى الله ونحن ساجدون."

وأضافت: "لا تتردد في أن تطلب من الله الجنة وكل ما تريده في الدنيا والآخرة. يجب أن تصلي يا زيد، مثلما يفعل مئات الملايين من المسلمين في جميع أنحاء العالم."

عندما انتهينا، عانقتها وشكرتها على تعليمي كيفية الصلاة ثم قمت بالتجهيز لتناول الغداء.

بسم الله الرحمن الرحيم
Prayer
In
Islam

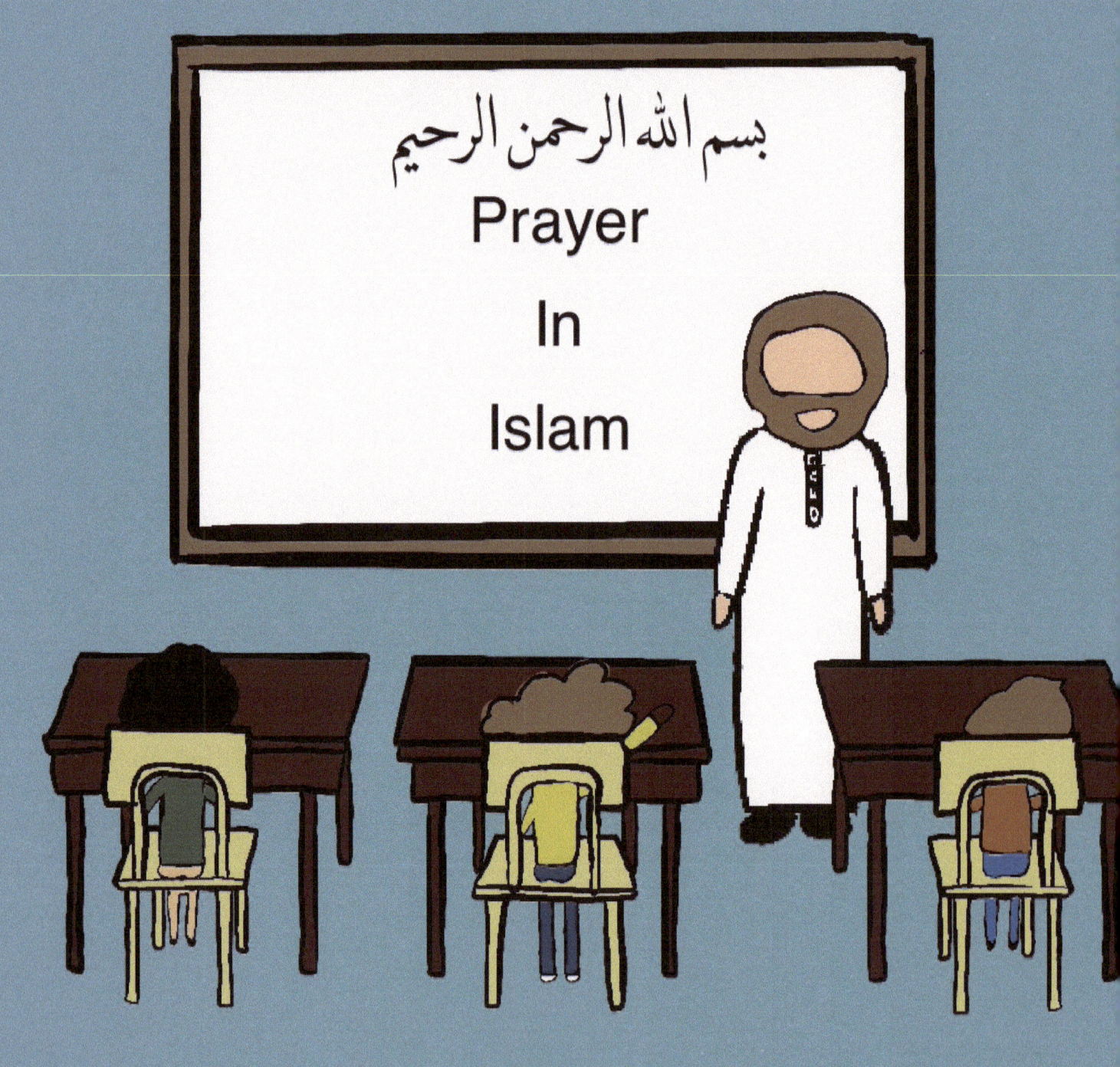

في اليوم التالي -صباح السبت- طرقت أمي باب غرفتي.

قالت: "استيقظ يا بني، حان الوقت للاستعداد لمدرستك الإسلامية في عطلة نهاية الأسبوع."

عندما وصلت إلى الفصل، قال الأستاذ "اليوم سنتعلم المزيد عن الصلاة. خلقنا الله لنعبده، وذلك من خلال الصلاة والقيام بأشياء ترضيه مثل بر الوالدين ومساعدة الآخرين.

سأل الأستاذ "من يستطيع أن يخبرني كم مرة يصلي المسلمون في اليوم الواحد؟"

رفع صديقي عمر يده وأجاب "6 مرات في اليوم."

رد الأستاذ: "ليس تمامًا ولكنك اقتربت من الإجابة الصحيحة."

ثم تذكرت أن والدي قد ذكر لي ذلك الأمر حين كنا عائدين من الصلاة يوم الجمعة، فرفعت يدي لأجاوب.

قال أستاذي وهو يشير إليّ: "نعم يا زيد."

قلت: "يصلي المسلمون خمس مرات في اليوم."

"هذا صحيح يا زيد، ممتاز!" رد الأستاذ مبتسما.

"سيكون واجب اليوم هو معرفة موعد أداء الصلوات الخمس وكتابتها، وسأحتاج إلى شخص شجاع ليقوم ويعرض أوقات الصلوات الخمس اليومية على الفصل بأكمله."

قرع الجرس معلنا انتهاء وقت الحصة.

Bella

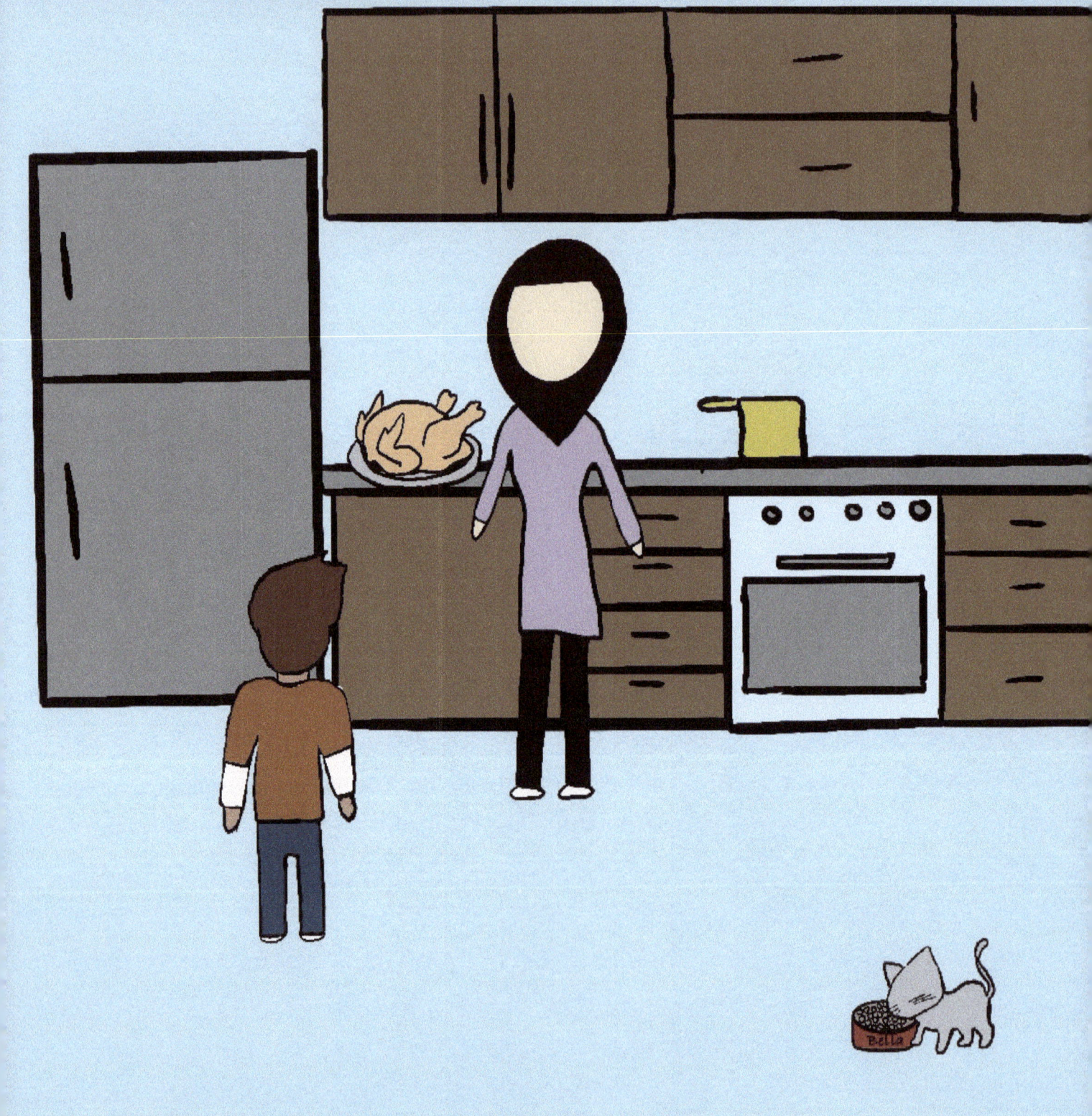

عندما وصلت إلى المنزل، أسرعت إلى المطبخ لأعانق والدتي والتي كانت تطهو لنا طعام الغداء.

سألت أمي "كيف كانت المدرسة اليوم يا زيد؟"

أجبت قائلا: "كان الأمر ممتعًا يا أمي، واجبنا المنزلي هو معرفة متى يصلي المسلمون الصلوات الخمس اليومية. هل يمكنك مساعدتي؟

أجابت أمي وهي تطهو الأرز "بالطبع يا زيد"،

"الصلاة الأولى هي صلاة الفجر، يبدأ وقتها من الفجر وحتى قبل طلوع الشمس.

الثانية هي صلاة الظهر، تصلى بعد الظهر مباشرة (منتصف النهار، عندما تمر الشمس على النقطة المتوسطة في السماء).

الثالثة هي صلاة العصر، تصلى في فترة ما بعد الظهر (في منتصف الوقت بين الظهيرة والغروب).

الرابعة هي صلاة المغرب، تصلى بعد غروب الشمس مباشرة.

والخامسة هي صلاة العشاء، تصلى في وقت متأخر من المساء (بعد غروب الشمس بحوالي ساعة ونصف)."

قلت: "شكرا أمي، لقد ساعدتني كثيرا. من فضلك سأحتاج منك إلى تكرار ذلك ثانية حتى أتمكن من كتابته وحفظه وتعليقه على الحائط الخاص بي!"

ردت أمي وهي تحضر الدجاج اللذيذ "بالتأكيد يا زيد. لكن قبل أن تمسك المفكرة، أريد أن أخبرك بشيء آخر."

"يجب على المسلم أن يترك ما يفعله حين يؤذن للصلاة، وذلك ليؤدي صلاته طاعة لله القريب، نحن لا نراه ولكنه يرانا ويسمعنا. ولذلك، فإن الصلاة مهمة جدا لنا في الدنيا وفي الآخرة. يتوقف المسلم مؤقتا عن أي نشاط يقوم به سواء كان الطبخ أو النوم أو ممارسة ألعاب الفيديو وذلك لتأدية الصلاة. يجب أن يركز المسلم انتباهه على الصلاة وألا يترك أي شيء يشتته عنها وأن يسعى دائما لتحسين صلاته، فهي ممارسة يؤديها على مدار حياته، هل تفهمني يا زيد؟" سألت أمي.

أجبت "نعم، لكن يبدو الأمر صعبًا بعض الشيء."

قد يكون الأمر صعبًا بعض الشيء في البداية، لكنه يصبح أسهل مع الاستمرار يا زيد. "الصلاة نعمة عظيمة وهبة من الله لنا!" قالت أمي.

ابتسمت وأسرعت لأخذ دفتر ملاحظاتي من حقيبتي.

يوما ما، زرت العم نبيل في المستشفى حينما كان مريضا، وذلك برفقة والدي وأختي.

سألت العم "كيف حالك يا عم نبيل؟"

"أشعر بتحسن كبير يا زيد. أرجو أن تتذكرني في دعائك، واسأل الله أن يعافيني صحتي." أجاب العم نبيل.

قلت: "سأدعو لك في الصلاة وخارجها أيضا."

"حان وقت راحة العم نبيل"، قال الطبيب عند دخوله.

قبلت العم نبيل على جبهته ثم توجهنا إلى المنزل.

في اليوم التالي، أخذني والدي إلى منزل أعز أصدقائي عمر. يمتلك عمر كرة قدم وفناء خلفيا ضخما حيث نلعب كرة القدم. بعد أن لعبنا سويا، صعدنا إلى غرفته.

سألت صديقي عمر: "ما هذا؟"

أجاب عمر: "إنه كتاب أعطاني إياه جدي."

سألت عمر "عن ماذا يتحدث الكتاب، وماذا تعلمت منه؟"

"يتحدث الكتاب عن الصلاة. تعلمت من الكتاب أن الصلاة هي أول ما يسألنا الله عنه ويحاسبنا عليه يوم القيامة يا زيد. وأضاف عمر "إذا أعطيت الصلاة الأولوية الأولى، فسيكون كل شيء في حياتك في مكانه الصحيح."

قلت لعمر: "رائع، لم أكن أعرف ذلك!"

قال عمر: "لقد حان الآن موعد أذان العصر، فلنصل معًا يا زيد، وربما نلعب بعض ألعاب الفيديو قبل العشاء."

أجبته "فكرة رائعة."

بسم الله

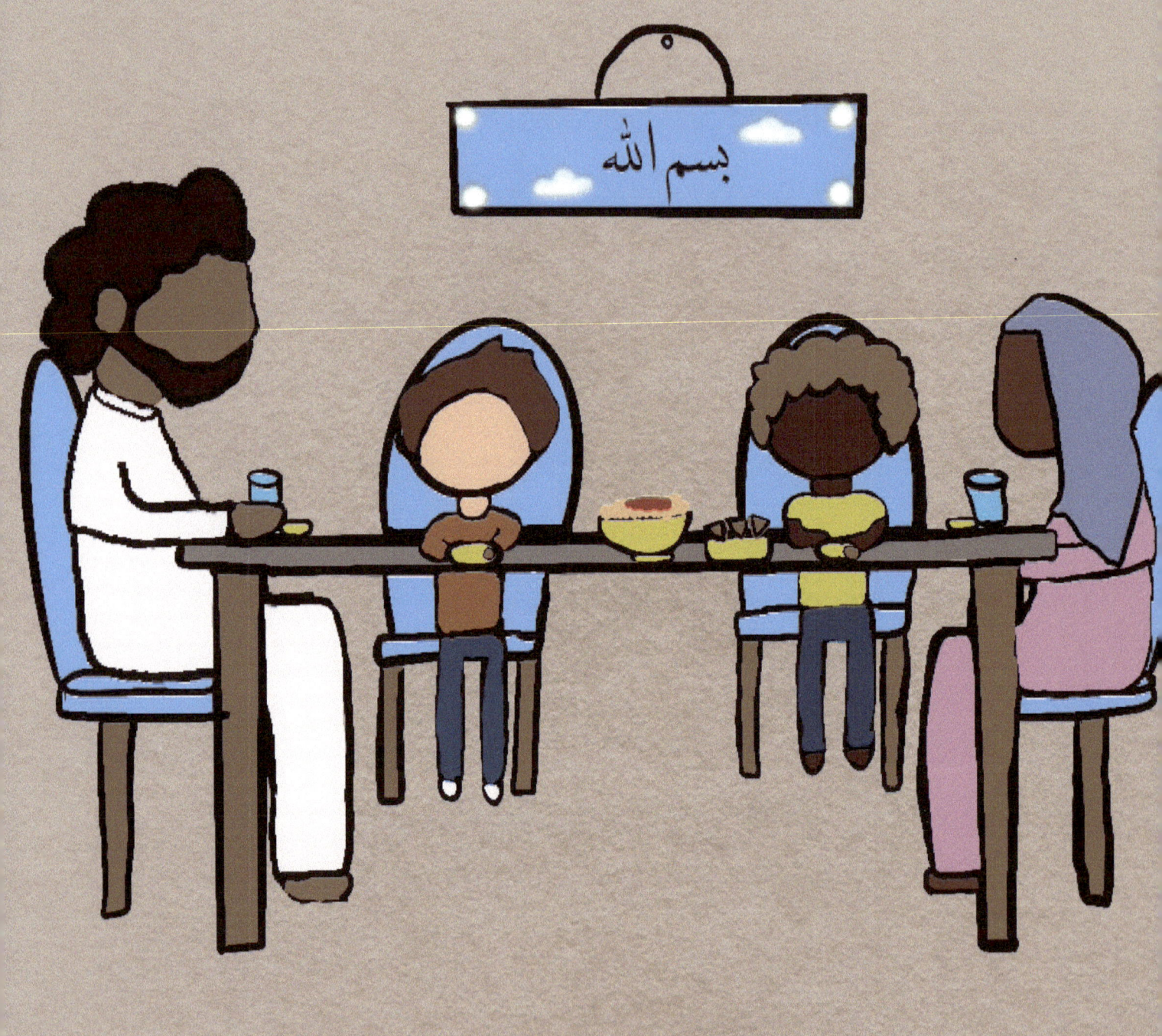

بعد أن لعبنا بعض ألعاب الفيديو، كانت السماء قد أظلمت، وبدأت أشعر بالجوع قليلاً.

قال عمر: "زيد، لنتناول العشاء ثم نصل المغرب مع والدي."

جلسنا على طاولة الطعام مع والدي عمر وأمامنا بعض المأكولات والمشروبات اللذيذة. بعد أن انتهينا من الأكل، حان وقت الصلاة.

"الصلاة أمر مقدس لدرجة أنه لا يجوز لأحد أن يأكل أو يشرب أو يتكلم عندما يصلي. هل تعلمان ذلك؟" سألنا والد عمر.

أجبنا: "نعم، نحن نعرف ذلك". قال كلانا: "لقد تعلمنا ذلك في الفصل مع معلمنا."

ثم جاء والدي وأخذني إلى المنزل.

في صباح اليوم التالي، سألني والدي، "زيد، هل تريد أن تجري معي؟ سأقوم بالركض حول البحيرة عدة مرات"

أجبته: "بالتأكيد يا أبي، سوف أرتدي حذائي وألاقيك في الخارج."

كان والدي يمارس رياضة الجري منذ سنوات، لذلك كان يسبقني ببضع خطوات.

"تمهل يا أبي." قلت مناديا.

ابتسم والدي وأبطأ في الجري.

"زيد، انظر إلى جميل صنع الله - سبحان الله، انظر إلى كل الضفادع الكبيرة الجميلة ذات العيون البارزة، والبط الأبيض الجميل، والسلاحف الخضراء ذات القشرة الصلبة. لقد خلق الله كل هذه الحيوانات الجميلة."

توقفت لالتقاط أنفاسي، وقلت (بسم الله) ثم أخذت ثلاث رشفات من الماء، ثم واصلت الركض مع والدي.

وبعد عامين، لاحظت أني تقدمت من مرحلة الصلاة مرة واحدة في اليوم خلال سن السابعة، إلى مرتين ثم ثلاث مرات في سن الثامنة والتاسعة. لم يكن الأمر سهلا، فاضطررت إلى النوم مبكرًا في الليل حتى أستطيع الاستيقاظ مبكرًا لصلاة الفجر في الوقت المحدد. كما أنه لم يكن من السهل التركيز خاصة في صلاة الفجر، حيث يكون ذلك في وقت مبكر من الصباح. لكنني ظللت أذكر نفسي بأنني أفعل كل هذا عبادة لله تعالى حتى يكون راضيا عني ويرضيني، ولكي أكون شخصًا أفضل.

إن الصلاة غذاء الروح، فمثلما يحتاج الجسد إلى الطعام والماء طوال اليوم حتى يكون بصحة جيدة، فإن أرواحنا تحتاج إلى الصلاة وإلى ذكر الله وعبادته لنبقى بصحة نفسية وروحية جيدة. ظللت أذكر نفسي أيضًا أنه بغض النظر عن مدى صعوبة الصلاة، فإن هذه الرحلة تستحق العناء لأنها ستقودني في النهاية إلى الجنة، حيث سأعيش إلى الأبد وأحصل على كل شيء أتمناه.

وبعد عام آخر، ها أنا ذا بعمر 10 سنوات. والحمد لله، أستطيع القول إنني أصلي 5 مرات في اليوم، كل يوم! حتى أنني أصلي في مسجدنا المحلي هنا في البلدة كل أسبوع، وبإذن الله قريبًا سأصلي هناك كل يوم! يتملكني شعور رائع! لا شيء يفوق التواصل مع الله طوال اليوم. لاحظت أن صلاتي جعلتني شخصا أفضل. اتسق موقفي وسلوكي وعقليتي وأفكاري وأولوياتي مع ما هو مهم حقًا في حياتي.

أبذل قصارى جهدي حتى لا أكون كسولًا وحتى لا أتخلى عن صلاتي لأنه عندما يتكاسل أحد عن صلواته، يرى عواقب البعد عن الله - وهو ما لا يريد أحد حقا أن يجربه. يمكن أن يتسبب ترك الصلاة في زيادة سيئاتك وفعل الأشياء السيئة. الصلاة تحميك من كل ذلك، وتحرسك من الشيطان الذي يوسوس بأفكار شريرة في آذان الناس!

يوما ما، أيقظني جدي في منتصف الليل "زيد، استيقظ"

"مرحبًا يا جدي" ، أجبت وأنا أحاول فتح عينيّ.

"سوف أصل الآن؛ هل تريد الانضمام إلي؟ إنها صلاة خاصة تسمى "التهجد" وهي صلاة يحبها الله كثيرا " أضاف جدي.

"بالتأكيد" أجبت وأنا أنهض من الفراش، ثم سرت إلى الحمام لأتوضأ.

اصطففت مع جدي وهو يؤمنا في الصلاة. صلينا لمدة 10 دقائق ثم شكرت جدي على إيقاظي وعدت إلى الفراش.

شعرت حينها بأنني قريب جدًا من الله - حيث صليت له في منتصف الليل. إنه لشرف لي أن أكون ممن يقوم الليل، فهو أمر ليس باليسير.

إن الله عنده خزائن السماوات والأرض، وهو لا يحتاج إلى عبادتنا ولا إلى صلواتنا. نحن نصلي لأننا نحن من نحتاج إلى عطف الله ورحمته. جعل الله في العبادة والذكر أجرا وثوابا لنا - لذلك يجب أن نصلي ونذكر الله في كل وقت!

شكرًا لك على تتبع هذه الرحلة معي، وآمل أن تكون قد استمتعت مثلي. أتمنى أن تكون قد تعلمت من هذه الرحلة وأن تستخدم هذه المعرفة للتواصل مع خالقك.

تذكر، اهتم بصلاتك لأن الصلاة هدية عظيمة منحنا الله إياها.

السلام عليكم يا صديقي!

النهاية

www.ingramcontent.com/pod-product-compliance
Lightning Source LLC
Chambersburg PA
CBHW061106070526
44579CB00011B/159
* 9 7 8 1 9 5 5 2 6 2 5 9 0 *